EXTRAIT

DES REGISTRES

DE LA CORPORATION

DU PORT-AU-PRINCE.

AU PORT-AU-PRINCE,

DE L'IMPRIMERIE DE MOZARD.

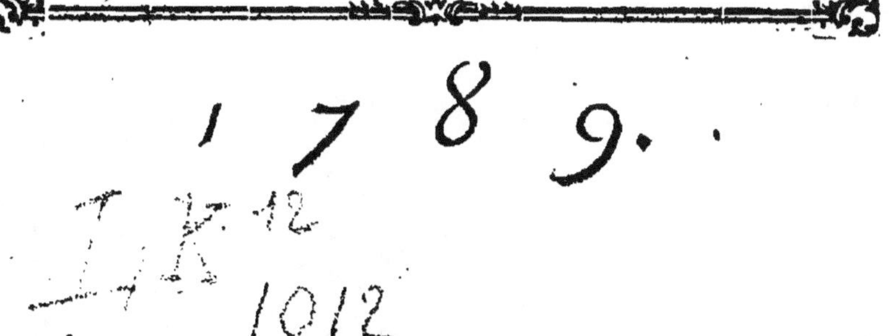

EXTRAIT DES REGISTRES

DE LA CORPORATION

DU PORT-AU-PRINCE.

*A*UJOURD'HUI 29 *Décembre 1789, la Corporation affemblée extraordinairement dans la perfonne de fes Commiffaires, M. le Préfident prenant la parole, a dit:*

MESSIEURS,

Lorfque le cahier de *doléances* de l'ancien Comité du Cap a paru, l'indignation que la colonie entière en a conçue s'eft fait fentir douloureufement à la jeuneffe du Port-au-Prince, parcequ'elle ignoroit alors que l'ancien Comité de cette ville n'avoit pas apporté le même efprit de défordre dans la rédaction du fien.

Les alarmes que cette production hâtive & *manquée* avoit répandues, ont réuni un grand nombre de Citoyens qui fe font confédérés pour s'oppofer aux entreprifes nuifibles au bonheur & à la tranquilité publique, auxquelles le Comité du Port-au-Prince pouvoit être entraîné, s'il marchoit fur les traces de celui du *Cap*, qui avoit fait auprès de lui une députation offenfante par fon éclat fcandaleux. Un ruban *blanc* porté à la boutonnière & choifi en figne de paix, étoit deftiné à diftinguer ceux qui étoient animés du même fentiment, & rendre plus fenfible le ruban *Bleu*, que la députation avoit adopté en fe préfentant ici.

La première démarche de cette Corporation, qui n'étoit mue que par l'amour du bien public, compromis par la préfence de cette députation, dont l'objet fecret avoit gliffé dans les efprits ; fon premier arrêté a été que *tous ceux qui ne refpecteroient pas les perfonnes & les propriétées, ou qui troubleroient l'ordre public feroient livrés à la Juftice, à toute la rigueur des Loix & à la vindicte publique* (a)

C'eft pour la défenfe de cet arrêté, dont la Corporation n'a jamais méconnu la fageffe, que tous les membres qui la compofent fe font liés par le ferment qui a été reçu par un membre de *Juftice, élu Préfident*.

Voilà les bafes fondamentales de cette Corporation, qui font honneur à la fageffe de ceux qui y ont participé, puifqu'elle n'avoit pour objet que le maintien du bon ordre, la furveillance & la fureté perfonnelle.

(a) *Telle eft la conftitution de la Corporation rendue publique par la Gazette, numéro 94 avec une lettre qui lui a été écrite par MM. de la députation du Cap, & la réponfe qui y a été faite.*

Tant qu'elle a cru son affiftance néceffaire pour affurer la tranquillité publique , la Corporation s'eft tenue en activité.

Mais les trompeufes féductions de l'amour-propre & de la vanité n'ont point ébranlé fes principes de fageffe ; elle s'eft maintenue dans les bornes de fa conftitution bienfaifante ; lors même qu'elle a joui de la fatisfaction bien fentie de voir le ruban blanc qu'on avoit choifi , adopté par les Citoyens de tous les ordres , par les Corps Militaires & de Juftice , par les chefs d'Adminiftration euxmêmes , qui n'ont pas dédaigné de les honorer de ce témoignage public d'approbation.

Mais le honteux cahier du *Cap* a été bientôt voué à l'opprobre ; le motif qui avoit fait naître la Corporation a difparu avec le danger de le voir adopté. Les apparences hoftilles qui l'avoient entretenue fe font diffipées ; on a vu que la députation du Cap n'offroit aucun danger pour la tranquillité publique, & dès-lors la Corporation que des paffions fecretes n'animoient pas , qui n'avoit été mife en activité que par des vues de fageffe , a fait un arrêté le 8 Novembre 1789 , par lequel elle dit entre autres chofes:

Confidérant que la Corporation a eu pour objet en fe formant , non-feulement de défavouer le cahier de la partie du Nord clandeftinement rédigé fous le titre impofant de cahier de doléances de la colonie *; mais encore de veiller au* maintien des Loix & de l'autorité du Gouvernement fage & modéré, fous lequel nous vivons *actuellement , jufqu'à ce qu'il ait reçu une autre conftitution ,* d'entretenir la paix & l'union parmi les Citoyens, d'empêcher les *divifions que les ennemis du bien public auroient pu femer, de s'oppofer aux malheureux effets* de l'infurrection, *dont quelques quartiers de la colonie offroient déjà des exemples fâcheux, & de propofer à l'Adminiftration des Réglemens pour la fureté publique, & à nos Concitoyens des projets utiles : confidérant enfin qu'elle a toujours été animée par des vues de fageffe dans toutes fes délibérations, & que la tranquillité publique n'étant point altérée, elle doit diriger fes vues fur un objet important,* un plan de convocation dont le Comité de cette ville *n'a point accompagné fon invitation à s'affembler le 15 de ce mois, elle arrête 1°. que le mémoire de M.* Chachereau *fera rendu public par la voie de l'impreffion, & que toutes les Sénéchauffées de la colonie feront* invitées *à déclarer par la voie des Affiches publiques fi elles adoptent le plan de convocation propofé par la motion de M.* Chachereau *; 2°. que pour faire connoître les bafes de la Corporation & fes principes de fageffe, l'acte conftitutif en fera imprimé & diftribué.*

Arrêté en outre que la lettre d'adieu de MM. les Députés du Cap, adreffée aux Citoyens de cette ville, *dans la perfonne des Préfident & Commiffaires de la Corporation, fera rendue publique, conformément aux defirs de MM. les Députés, enfemble la réponfe qui y a été faite.*

Et confidérant que l'objet de la Corporation fe trouve rempli, puifque la tranquillité publique n'a point été troublée, arrêté que les Commiffaires de la Corporation fufpendront dès ce jour leurs fonctions, jufqu'à ce que le vœu général les y rappele.

Cet arrête étoit précédé d'un plan de convocation qu'elle a cru devoir propofer à la Colonie, comme un dernier hommage de fes difpofitions à concourir au bonheur public.

Depuis ce moment, la Corporation n'a plus eu d'activité. Fidelle à fes principes, on ne l'a point vue s'alarmer de la préfence d'une Affemblée géné-rale, parcequ'elle ne devoit lui faire l'injure de la croire entraînée à d'autres objets que ceux qui l'avoient occupée elle-même. Elle a affifté, dans la perfonne de fes Membres, aux délibérations de cette Affem-blée, dont elle a loué les vues fupérieures d'uti-lité publique, qui ont partagé fes occupations.

Les Membres de la Corporation ont paru au milieu de cette augufte Affemblée avec leur ruban blanc, ils ont eu la fatisfaction d'y voir leur Pré-fident y remplir une charge de confiance, & l'Affem-blée n'a point été effrayée de la préfence de cette Corporation, elle n'a point vu en elle *une feconde ame dans un même corps*, (b) elle ne l'a point confidérée comme *un corps étranger*.

Telle a été la douce & bienfaifante exiftence de cette Corporation. Par quelle fatalité eft-elle troublée aujourd'hui par les inquiétudes, exagérées fans doute, du Comité de *la partie de l'Oueft de Saint-Domingue*, féant au Port-au-Prince, qui n'eft lui-même qu'une émanation circonfcrite de l'Affemblée du Département?

Dans une des féances du Comité il a été mis en délibération s'il ne convenoit pas au bon ordre qu'il n'exiftât aucun *veftige de ce corps étranger?* (c) Un des Commiffaires de la Corporation, préfent à cette délibération, arrêté fans doute per la puiffance de fon ferment, en a oppofé l'exiftence aux defirs du Comité,

---

(*b*) *Ce font les propres expreffions d'un des mem-bres du Comité.*

(*c*) *C'eft ainfi que s'eft expliqué* le fondé de pro-curation *d'un Électeur, qui ne doit pas avoir voix* délibé-rative *au Comité.*

mais entraîné par les preftiges du raifonnement d'efprit, qui fait toujours établir avec adreffe des diftinctions que la raifon & la vérité défavouent, il a cru pouvoir être dégagé de fon ferment par la volonté du Comité, qui fembloit lui en faire une loi, & la remife qu'il a faite de fon ruban blanc a paru un hommage rendu à la fuprématie du Comité & une reconnoiffance de fa liberté perfonnelle dégagée.

On a même agité fi les regiftres de cette Corporation ne devoient pas être remis à la difpofition du Comité; & par l'explication qu'un des Commiffaires a donnée à cette propofition faite en fon nom, il a échappé au foupçon de l'inconféquente légèreté d'én avoir fait l'offre.

Sans doute que la précipitation plutôt que la réflexion a accompagné cette délibération du Comité, & on ne peut guère raifonnablement lui en faire le reproche, quand le voit obfédé d'une multitude tumultueufe, qui s'y préfente fans préparation fur les objets qui doivent l'occuper, plutôt pour y voir un fpectacle nouveau que pour y porter les vues d'une fageffe éclairée, au milieu de laquelle le Comité lui-même peut être entraîné à des démarches que fa raifon défavoue, & capables de produire un effet contraire aux principes de fa conftitution. (d)

En effet, le Comite veut le bien, il y travaille, ou defire fincerement y travailler, fi on lui en

---

(d) *Ce concours tumultueux* d'opinions *eft con-traire à la conftitution même du Comité, dans les délibérations duquel les Électeurs même qui l'ont conftitué ne peuvent avoir que voix confultative & non délibé-rative.*

laisse la *libre* faculté ; on n'en peut douter , quand on lit les délibérations de *l'ancien Comité* , qui a toujours marché dans le sentier étroit de sa constitution , quand on a entendu la maturité , la réflexion , la sagesse d'esprit qui ont présidé dans la tenue des séances de l'assemblée des Électeurs , dont il tient ses pouvoirs.

Quel motif qui lui soit propre , auroit pu le porter à voir un obstacle au travail de ce qui doit préparer le bonheur public , dans l'existence inactive & paisible d'une Corporation qui n'a voulu & qui ne fait que le bien , dont les fonctions sont suspendues , *jusqu'à ce que le vœu général les rappelle ?*

Quelle raison de sagesse & de prudence auroit exigé qu'un de ses Commissaires fut *délié* de son serment par le Comité qui ne *l'a pas reçu ?* ce serment de la Corporation n'est-il pas le vœu comme le devoir de tout bon Citoyen , puisqu'il se borne à *livrer à la Justice & à la vindicte publique ceux qui ne respecteront pas les personnes & les propriétés , ou qui troubleront l'ordre public ?*

Le Comité lui-même dans les mains de qui tous les Citoyens voient , avec une confiance éclairée & justifiée par le passé , tous leurs intérêts les plus chers , ne sont-ils pas liés par le même serment? N'est-ce pas le maintien du bon ordre qui l'anime dans toutes ses démarches ; ne reconnoît-il pas & n'a-t-il pas mis en principe que la tranquillité générale , que le repos personnel reposent sur le respect dû à la Justice & sur la soumission à l'autorité publique? L'existence d'une Corporation prête à reprendre les fonctions honorables de la défense des Lois , ne lui offre-t-elle pas plutôt un secours assuré pour l'exécution même de fes décrêts qui tendent au même but, qu'elle ne lui fait une menace alarmante de contrarier fes vues d'utilité publique ?

Eh ! ferons-nous toujours divifés fur les opinions & fur les mots, quand le concours des chofes nous raffemble ? N'avons-nous pas tous un même but, un même objet ; n'afpirons nous pas tous également à des changemens défirables que nous n'avons pas la puiffance de faire nous-mêmes, que nous ne pouvons que *préparer* avec la fageffe qui doit accompagner tout ce qui tend à innover, pour enfuite réunir nos efforts qui doivent les faire adopter par l'Affemblée nationale en France ? Écartons donc à jamais de cette pénible préparation tout ce qui peut en retarder le progrès & l'accompliffement.

Mais eft-il au pouvoir du Comité de détruire par un mouvement précipité de fa volonté, ce que l'amour du bien public a fait naître, ce que la fageffe a confervé & ce que la raifon doit défendre ? Non fans doute la Corporation a reçu le ferment de ceux qui la compofent ; elle feule peut s'anéantir quand la tranquillité publique fera affurée par une conftitution nouvelle, comme elle a pu fufpendre fes fonctions quand elle en a cru l'exercice inutile au bonheur de cette dépendance.

Mais ce ferment même, malgré les fophifmes des raifonnemens du membre du Comité, honorable a plus d'un titre, qui l'a combattu, la rappelle impérieufement à fes fonctions, fi de nouveaux malheurs, dont la poffibilité & la réalifation ne font peut-être pas fi éloignés qu'on auroit lieu de l'attendre, lui en font un devoir. Pouvons-nous voir avec indifférence les entreprifes contre le bonheur public, auxquelles on se livre en quelques quartiers ! Peut-on bien calculer avec précision le terme où ce désordre s'arrêtera ; n'avons-nous rien à craindre pour la sûreté personnelle, pour la sûreté publique, si une constante & ferme résistance à cet exemple séducteur, contrarie trop les vues de ceux qui le donnent ? Le passé ne doit-il pas nous rendre attentifs sur l'avenir ?

Si par une fatalité attachée au génie présent des hommes qu'un même but assemble, on voyoit ici naître ces agitations fâcheuses, ces entreprises témeraires, ces troubles qui font le malheur public parcequ'ils ébranlent le respect dû à la justice, à la soumission, à l'autorité publique; la Corporation cesseroit-elle d'être liée par son serment, les amis du bien public qui la composent cesseroient-ils d'être fidèles aux devoirs des bons citoyens, parcequ'ils ont juré de les maintenir ?

Mais comment le Comité actuel pourroit-il méconnoître le précieux avantage que le bonheur public peut tirer de la présence de cette Corporation, tandisque l'ancien *Comité du Port-au-Prince* (dont la sagesse peut être louée publiquement, puisque les membres qui le composoient ont fait *par acclamation* la base fondamentale du nouveau) a requis son assistance dans un occasion délicate, pour s'assurer d'un homme que de fausses instructions lui avoit rendu suspect.

Depuis que les membres de l'ancien Comité ont porté dans le nouveau la prudence & la réflexion qui les a tant honorés, la corporation s'est-elle emportée à des excès de licence qui la leur fisse méconnoître ? Elle a toujours été sans activité depuis son arrêté du 8 Novembre 1789, quoiqu'elle ait été ftimulé fur des objets de police qui apparten[...] à la Juftice ordinaire, quoiqu'elle ait vu un parti- culier traduit au Comité lorfqu'il l'avoit déjà été à la *Juftice*, qui n'avoit rien trouvé en lui de nuifible à la tranquillité publique.

Qu'a-t-on donc tant à redouter de la frêle exiften- ce de cette Corporation qui n'a & ne peut avoir, d'après fes principes qu'elle s'attache à fuivre, que la faculté de faire le bien & qui eft, comme devroient être toutes les affociations, dans l'heureufe impuif- fance de faire le mal ? Cette injure faite à fes in- tentions bienfaifantes, n'eft-elle pas plus propre à lui rappeler fes devoirs qu'à les lui faire violer ? Elle vivoit dans l'obfcurité d'un filence, peut-être obfervateur éclairé ; on la force à réclamer fes droits qu'on attaque fans l'entendre, fans l'avertir, on la réduit à la néceffité de rappeler fon ferment & de le renouveller pour empêcher qu'il ne s'en forme peut-être une autre, dont les principes de fageffe n'ont pas encore, comme les fiens, l'avantage d'être con- nus & approuvés par la plus faine portion des Citoyens.

Que le Comité foit fans effroi, il trouvera tou- jours dans la Corporation, dont la préfence femble tant l'agiter, les moyens les plus affurés d'arriver à la fin de fes travaux, s'il veut s'en occuper vérita- blement ; elle n'eft pas, comme on l'a dit, un agent aveugle & foudoyé du pouvoir *exécutif* ; en calom- niant ainfi fes intentions, on contredit ouvertement fes actions & fes démarches, qui ont toujours été publiques & mefurées fur les règles de la prudence, de la fageffe & de l'équité la plus éclairée.

Si toutes les affociations qui fe font formées à

-Domingue , avoient toujours été comme elle ,
nptes de paffions , uniquement & excluſivement
occupées du bonheur & de la tranquillité publique ,
& ſi , comme elle auſſi , elles avoient ceſſé leur
activité & leurs fonctions quand elles ont été ſans
objet d'utilité *réelle* , la colonie auroit toujours joui
de la paix & d'une félicité qu'elle regrettera peut-
être encore long-temps.

Sur quoi la matière miſe en délibération , la Corporation , conſidérant que l'Affemblée des Électeurs de la
partie de l'Oueſt de Saint-Domingue a réglé qu'elle
deſire maintenir dans toute l'étendue de ſon département , *l'autorité judiciaire* & celle *de l'Adminiſtration
civile & militaire* , & que la conſtitution de la Corporation repoſe ſur le ſerment qu'elle a fait de livrer
à la vindicte publique ceux qui y porteroient atteinte.

Conſidérant encore que les délibérations *libres* du
Comité ne peuvent contredire les ſentimens de l'Af-
ſemblée des Électeurs , elle ARRÊTE que loin de pouvoir être anéantie par le Comité , elle ſe reconnoît
au contraire conſtituée par les principes de ſageffe dans
leſquels les pouvoirs du Comité ſont circonſcrits ; en
conféquence , que ſes fonctions continueront d'être
ſuſpendues , *ſeulement* lorſque l'impérieuſe néceſſité de
défendre le bon ordre , ne les remettra pas en activité , mais qu'elle eſt prête de les reprendre au
premier ſignal d'innovation nuiſible au bonheur public ; CONSIDÉRANT encore que le ſerment de la
Corporation eſt un lien qui tient aux principes *d'honneur* , puiſqu'il tend à maintenir la tranquillité géné-
rale & à prévenir les malheurs publics qui peuvent
naître de la fermentation des eſprits ; elle ARRÊTE

qu'aucune puiffance humaine n'en peut délier fes Membres diftributivement ou collectivement pris , puifqu'il n'eft pas au pouvoir de la Corporation elle-même de s'écarter des devoirs de bon Citoyen qu'elle *a jurés* de défen-dre , conformément aux principes de fa conftitution.

Arrêté en outre que tous les bons Citoyens qui qui partagent les fentimens de la Corporation feront invités, par l'exemple de fes Commiffaires, à porter *le ruban blanc*, en témoignage dés difpofition de paix & d'union qui l'animent.

Arrêté en outre que le préfent Arrêté & le Difcours qui le précède feront rendus publics par la voie de l'impreffion.

Et ont figné les Préfidens & Commiffaires de la Corporation.

Collationné.

MOREL DE GUIRAMAND , *Secrétaire.*

F I N.